ABSTRACTION
N&B

Daisy MERCIER

Copyright © 2018 Daisy Mercier

Tous droits réservés.

A mes amis, à mes amours, à mes rencontres…

TABLE DES MATIÈRES

	Remerciements	i
1	La vie	1
2	La vibration	3
3	Le contraste	5
4	La composition	7
5	La question	9
6	La logique	11
7	La punition	13
8	L'air	15
9	La mer	17
10	Mon mot	19

REMERCIEMENTS

Mes remerciements vont à des amis qui m'ont inspiré.

Jacques Viallebesset et sa prose sans égal.
Philippe Lacadée dont le soutien a été efficace.
Michel Gueranger et son univers fascinant.

1 LA VIE

Vibrante, électrique, volatile
Ne tenant qu'à un fil
Suspendue au souffle.

Nous en sommes tous au même point, à une virgule près.

Elle naîtra en ton sein et sera sans égal
Jaillira de tes entrailles et te sera arrachée
Happée par la rudesse et le désespoir.

La mise au monde est traumatique.

Elle n'a de sens que pour celui qui l'accueille comme cadeau
Tout y est permis, tout y est dit
Mais au fond tous sont ignorants de la science.

Contentons-nous de la laisser aller et venir.

Enchaînée à ce cordon
Elle en sera délivrée
Pour grandir domestiquée.

Nul aujourd'hui ne peut se prétendre libre.

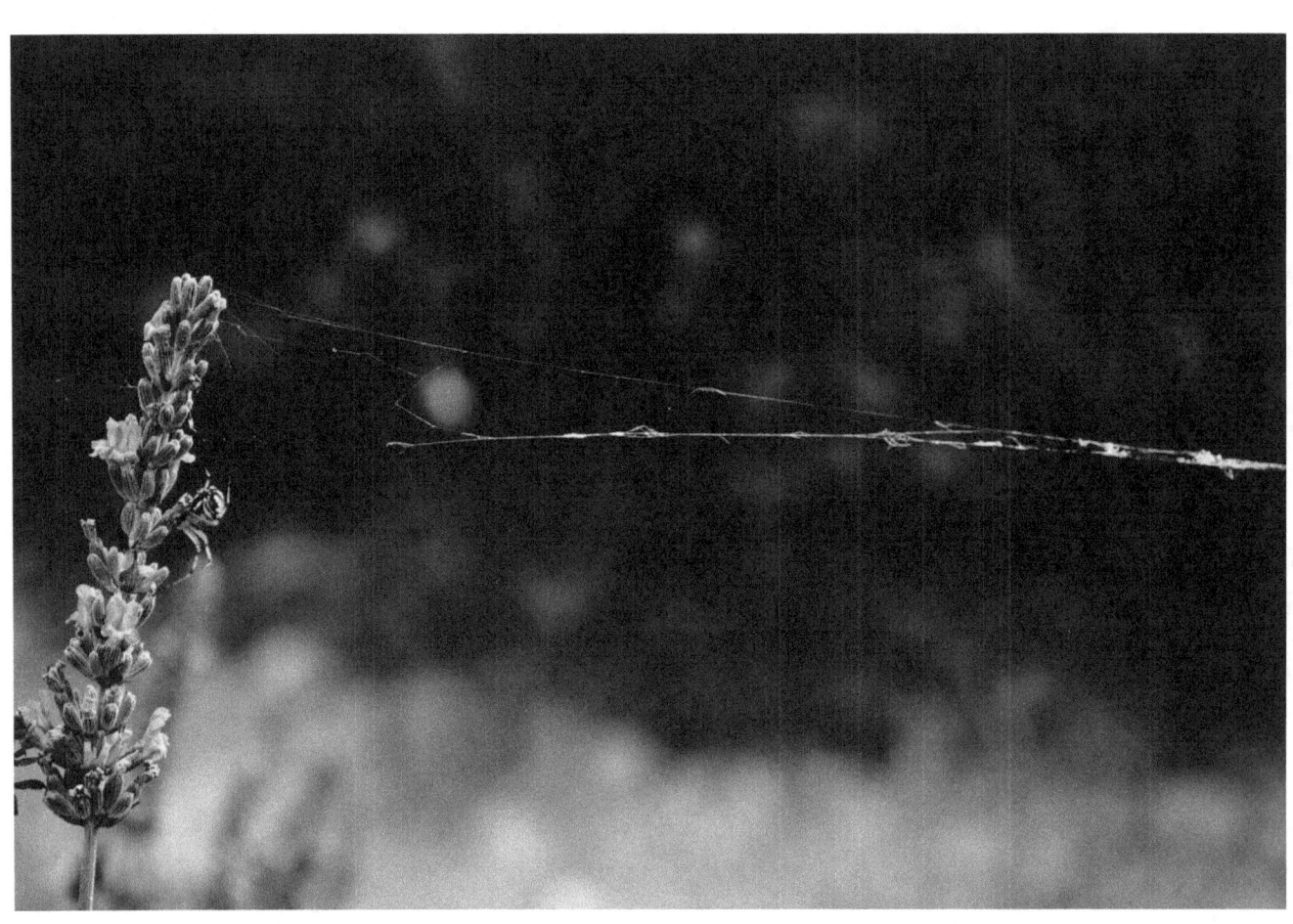

ABSTRACTION

2 LA VIBRATION

Des vagues à l'âme portées par des sons
Perceptible symphonie du cœur et de la déraison
L'univers tout entier sur la fréquence.

Tout est lié et rien ne se perd.

D'une trame universelle
Mutante au fil du temps
Rappelant sans cesse la source.

Notre Adn danse sur les Hertz.

Bing bang des ondes
Choc des civilisations
Traversant les murs des prisons.

Le chaos en est que tout puissant.

Réparatrice, apaisante et douce
Immortel cycle sans fin
Des mathématique poussées à l'extrême.

Sans son énergie, il n'y a rien.

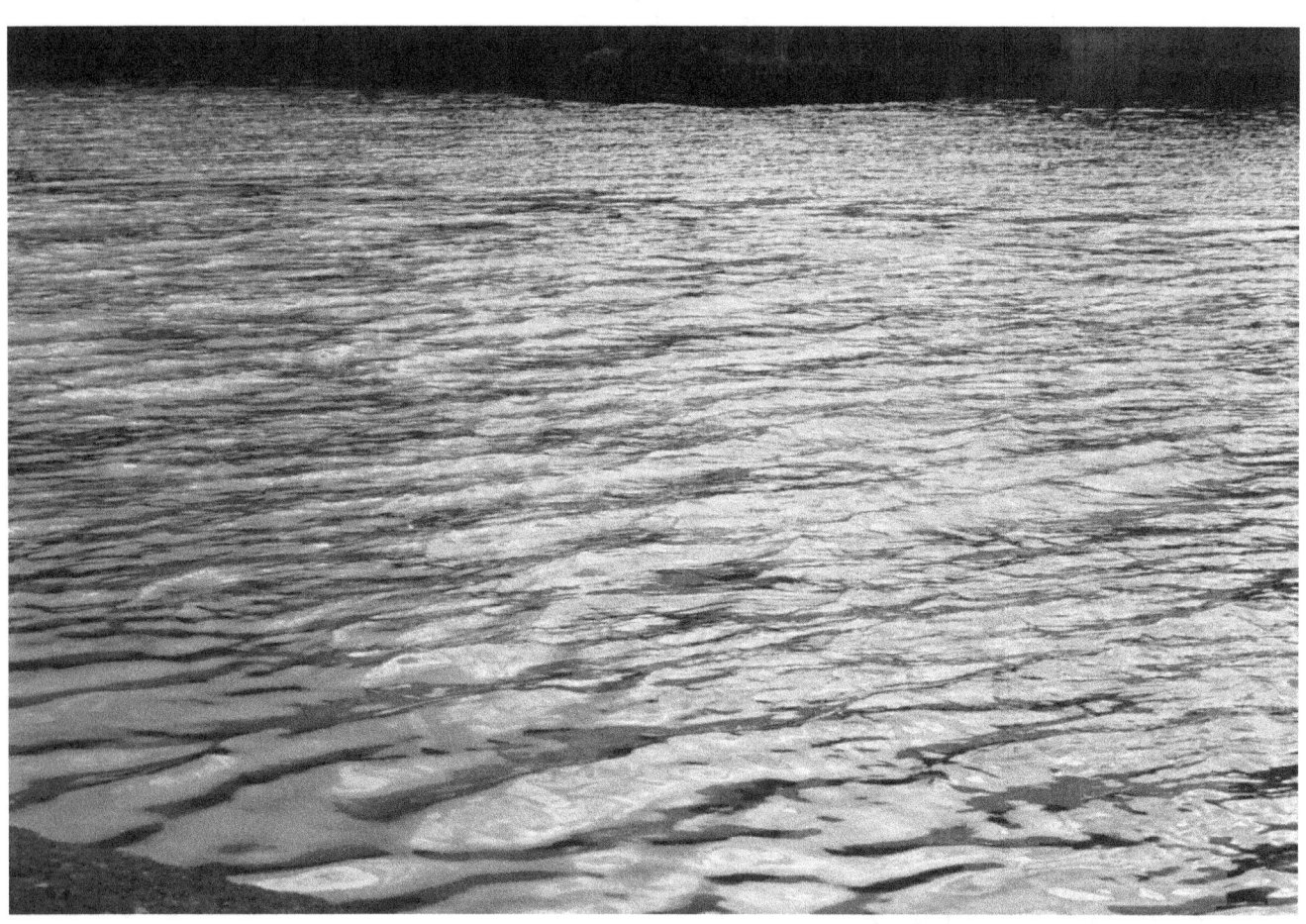

ABSTRACTION

3 LE CONTRASTE

Nécessaire, éclatant
Servant à distinguer toutes choses
Et toutes notions.

Le Noir sur Blanc est une affirmation.

Endurci, il blêmît les visages
Fait tomber les masques
Fige l'ombre noir du tableau.

Les pages se noircissent à l'œil nu.

Pas de demi ton, ni demi-mesure
L'évidence est sienne
Terre aride d'une lutte dans l'immensité.

La lumière y sera mise en valeur.

L'union des différences sans mélange
L'image simple et parfaite
Photogénie du négatif.

L'œuvre flamboie de l'extrême contrariété.

Daisy Mercier

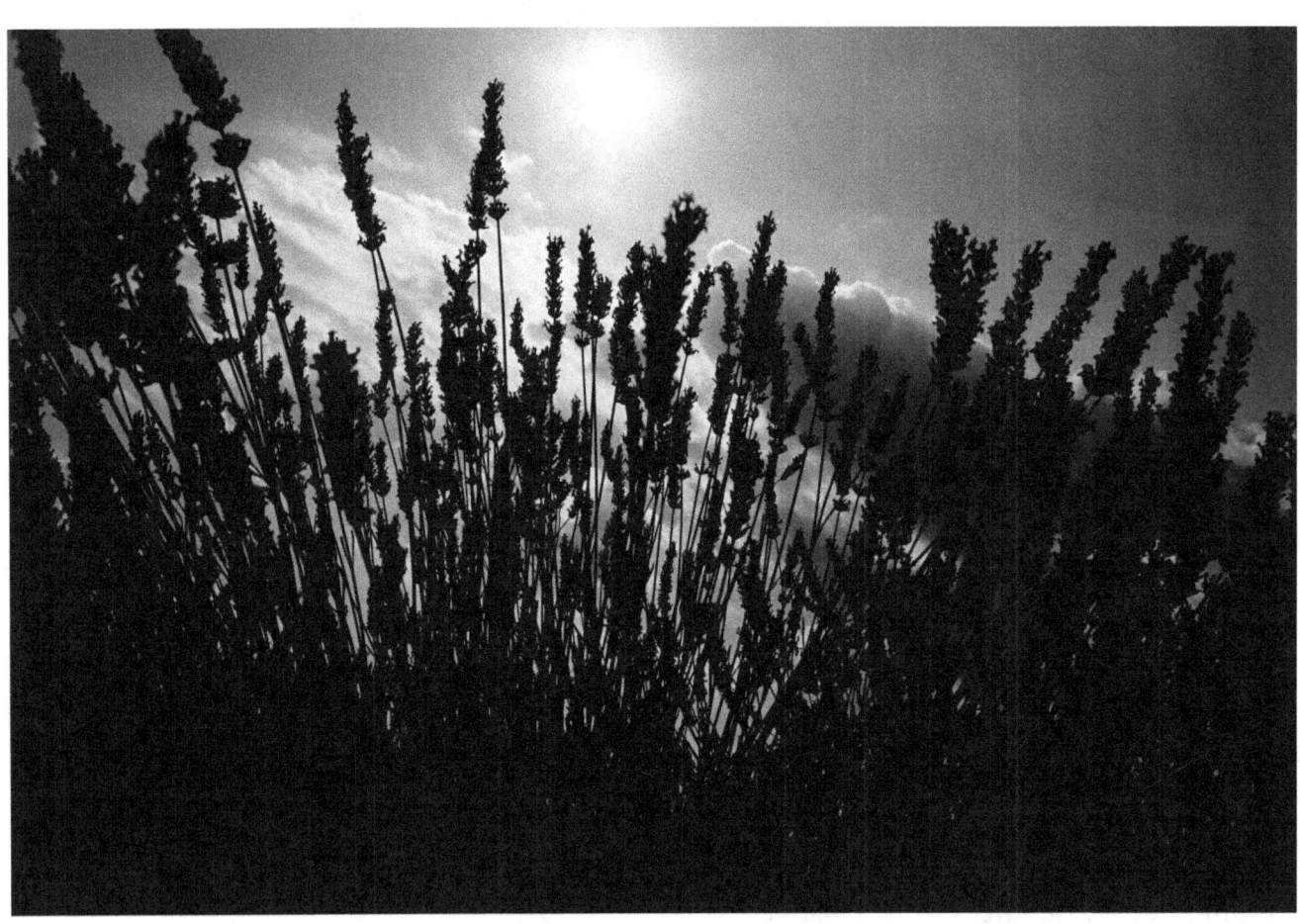

ABSTRACTION

4 LA COMPOSITION

Les éléments s'unissent harmonieusement
Donnant un sens au mouvement d'ensemble
Celui du bien ou du mal.

Le grand orchestre joue la composition du monde.

Les lignes sont tracées par cinq
Les notes s'y accrochent en triplet
Percutions, cordes et vent.

Toutes les émotions s'y annoncent en chœur.

L'ouverture est une calme introduction
La discussion se débat de synchronicité
Tout cela va mal finir.

Puis le silence.

Les tympans se crèvent de tant de cymbales
Reste le rythme inlassable du cœur
Qui bat toujours avec ce flux rouge.

Voici donc comment tout s'ordonne sans repos.

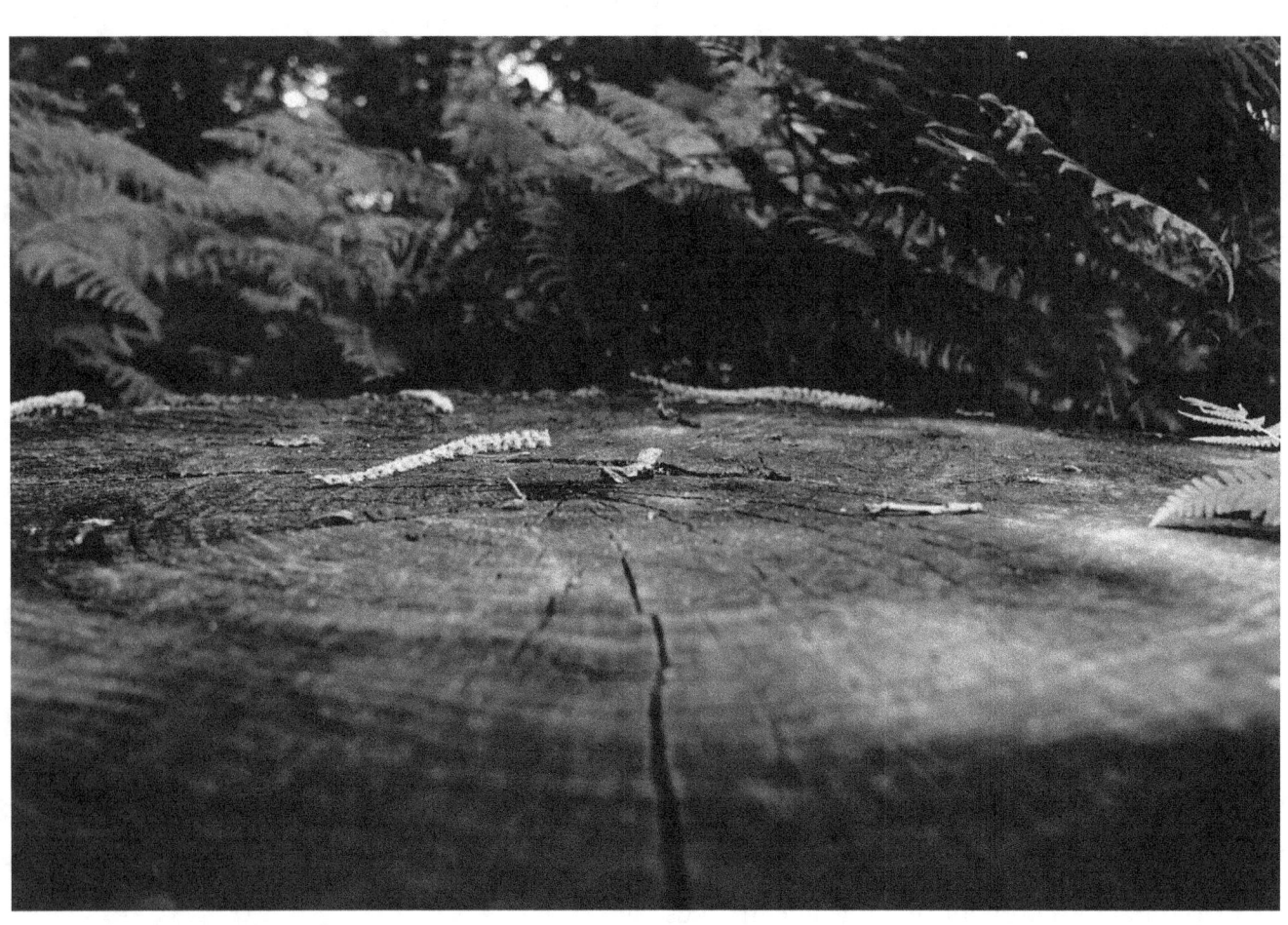

ABSTRACTION

5 LA QUESTION

Insoluble en l'état
Rendant l'insomnie harceleuse
Maladive chronique obsessionnelle.

Tout tend à y répondre au plus vite.

Sans réponse obligatoire immédiate
Elle scelle les destinées
L'erreur fait peur sans elle.

Le temps fait et défait en jouissant d'elle.

Vaste théâtre de toutes les manigances
De l'acceptable à l'inconscient
Projections y foisonnent à outrance.

Le miroir réside en elle.

Aucune réponse sera satisfaisante
L'ignorance brode en dentelles
La bonne ou mauvaise fille.

Validée puis invalide par le politicien.

Daisy Mercier

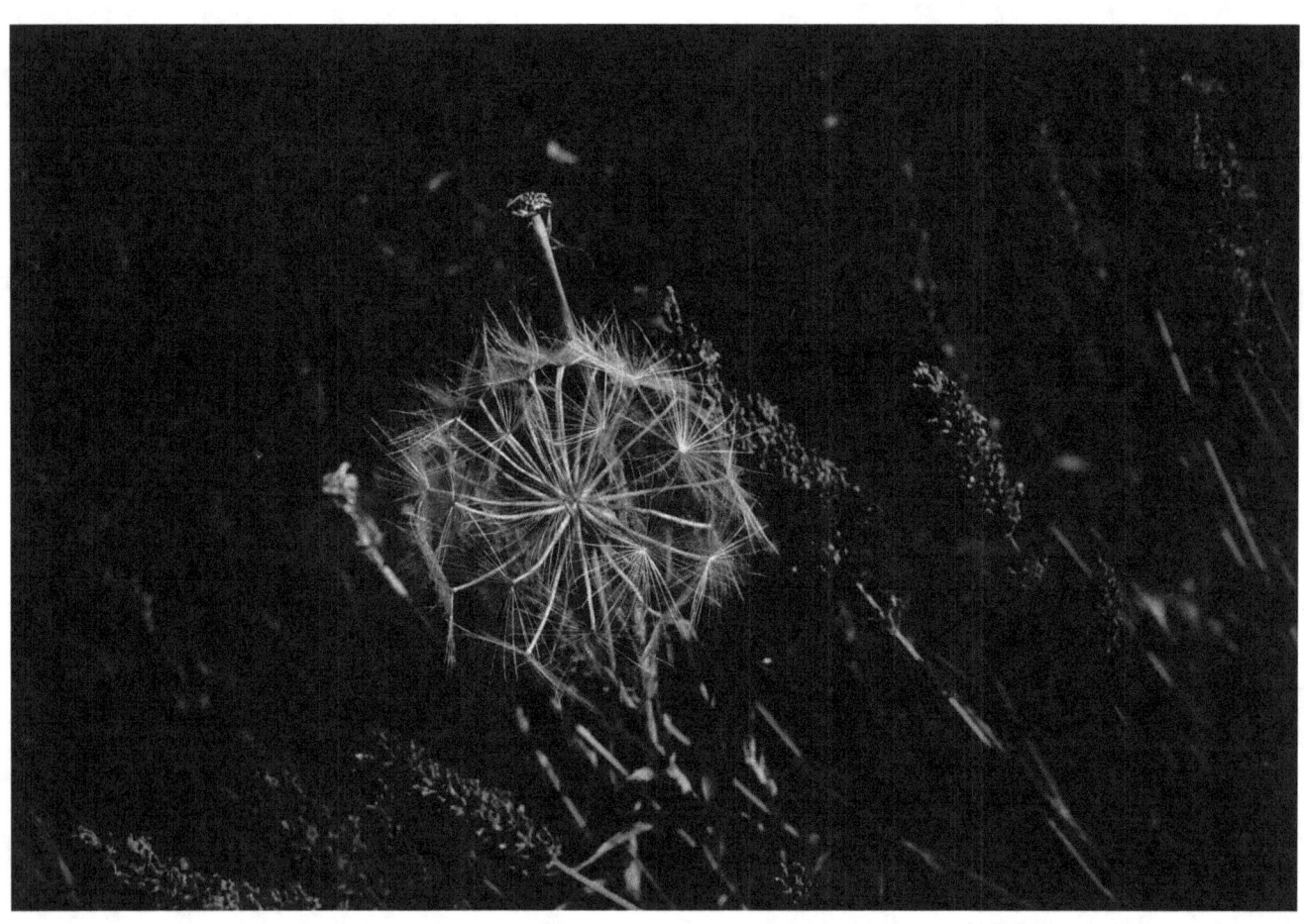

ABSTRACTION

6 LA LOGIQUE

Implacable grande dame
Des algorithmes médiatiques
Probabilité sans cesse épousée.

Nous avons tout intérêt à la conserver.

Sans faille en bourse
Emoustillant la moindre courbe
Binarité conjoncturelle du crash.

Elle est émouvante sans grain de sable.

Qui la perd ne garde rien
Elle fait suite à toute histoire
Arguons-nous de ne jamais la décevoir.

Eternelle sanguine citron pressé.

Baiser le pied de cet astre
Sera rendu le centième en bouquet
De mauves et d'acajou.

Aimante pour un sous fifre de l'imposture.

Daisy Mercier

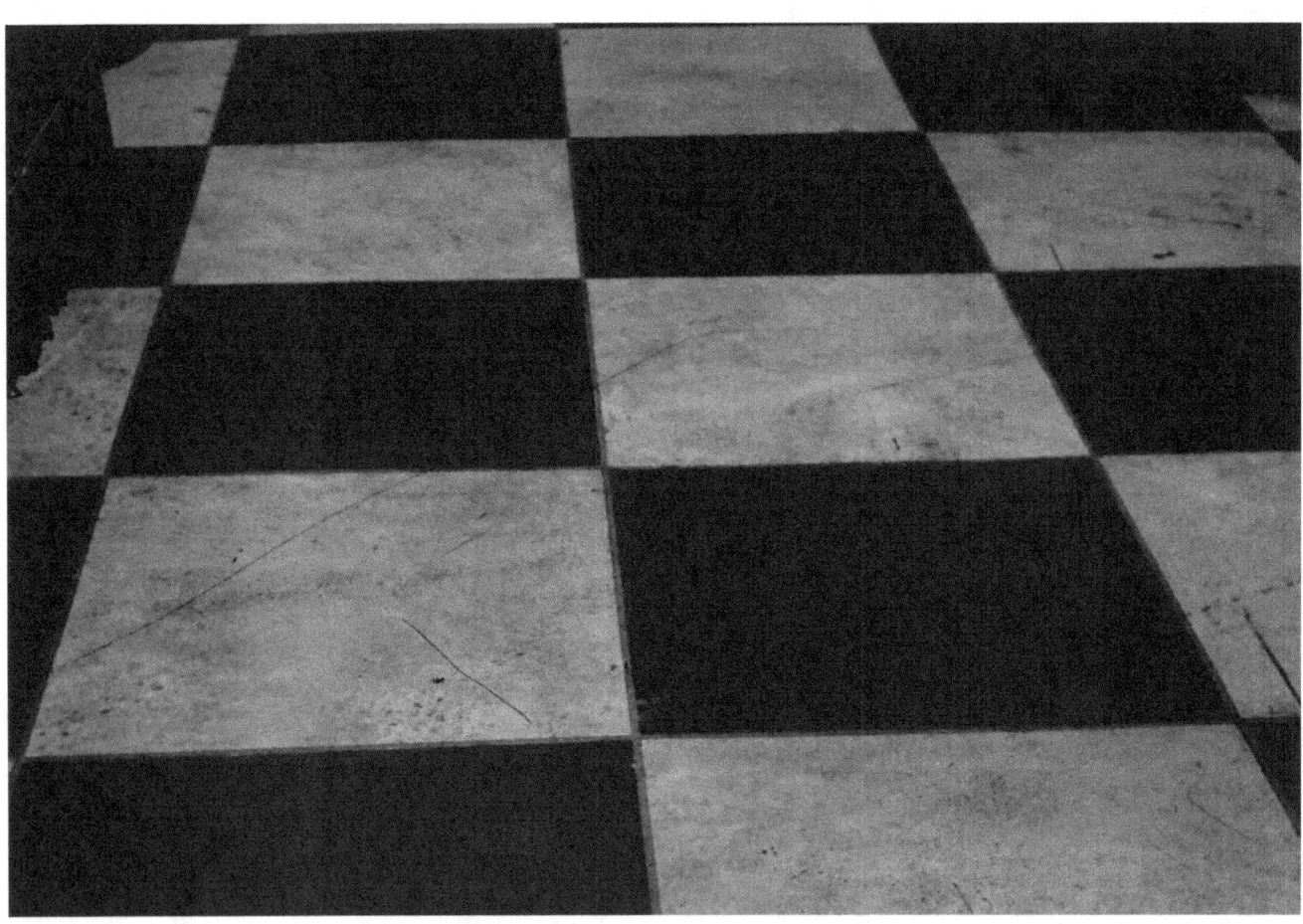

7 LA PUNITION

Succulente application autoritaire
Dictat éducatif
Toute puissance du vénérable.

La soumission y est de mise avec ce qu'elle porte d'asservissement.

L'autoflagellation conjoncturelle
Fera des esclaves nés
Le droit chemin tracé par le Maître.

Tolérance de l'épiderme à la fessée.

L'individu est niais
La pensée enraillée
Le faire enroué.

Les moutons sont châtiés car objet d'amour suprême.

La bonne morale sévira
Les sévices continueront
Tous les sorts d'une paire de menottes.

Obéissance conditionnée à infliger la sentence.

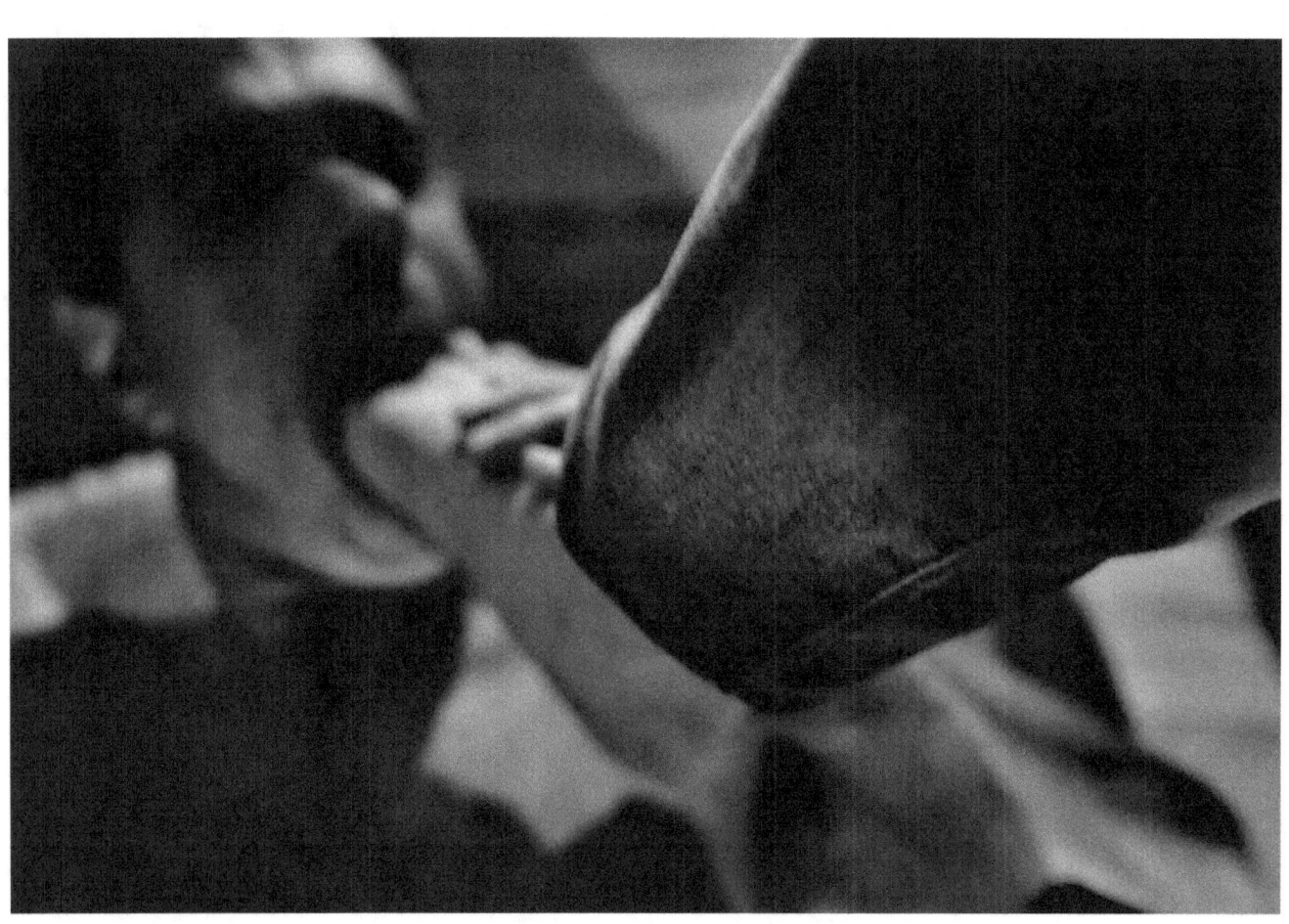

ABSTRACTION

8 L'AIR

Suffisant nous respirons
Conditionné par grosse chaleur
Libre pour sécher les gaines retraitées.

Essentiel à la combustion destructive.

Faisant vivre et asphyxier
Selon la mode d'usage
Pollué à souhait

Son manque se fait sentir à l'extinction.

Pressurisé curatif des plongeurs
Remontés des profondeurs abyssales
Trop rapidement extirpés de l'eau.

Eléments de vie et de mort.

Il ne sera plus de ne pas y toucher
Les masques ont un avenir assuré
Valant son pesant d'or.

La future valeur sûre pour la bourse des riches.

Daisy Mercier

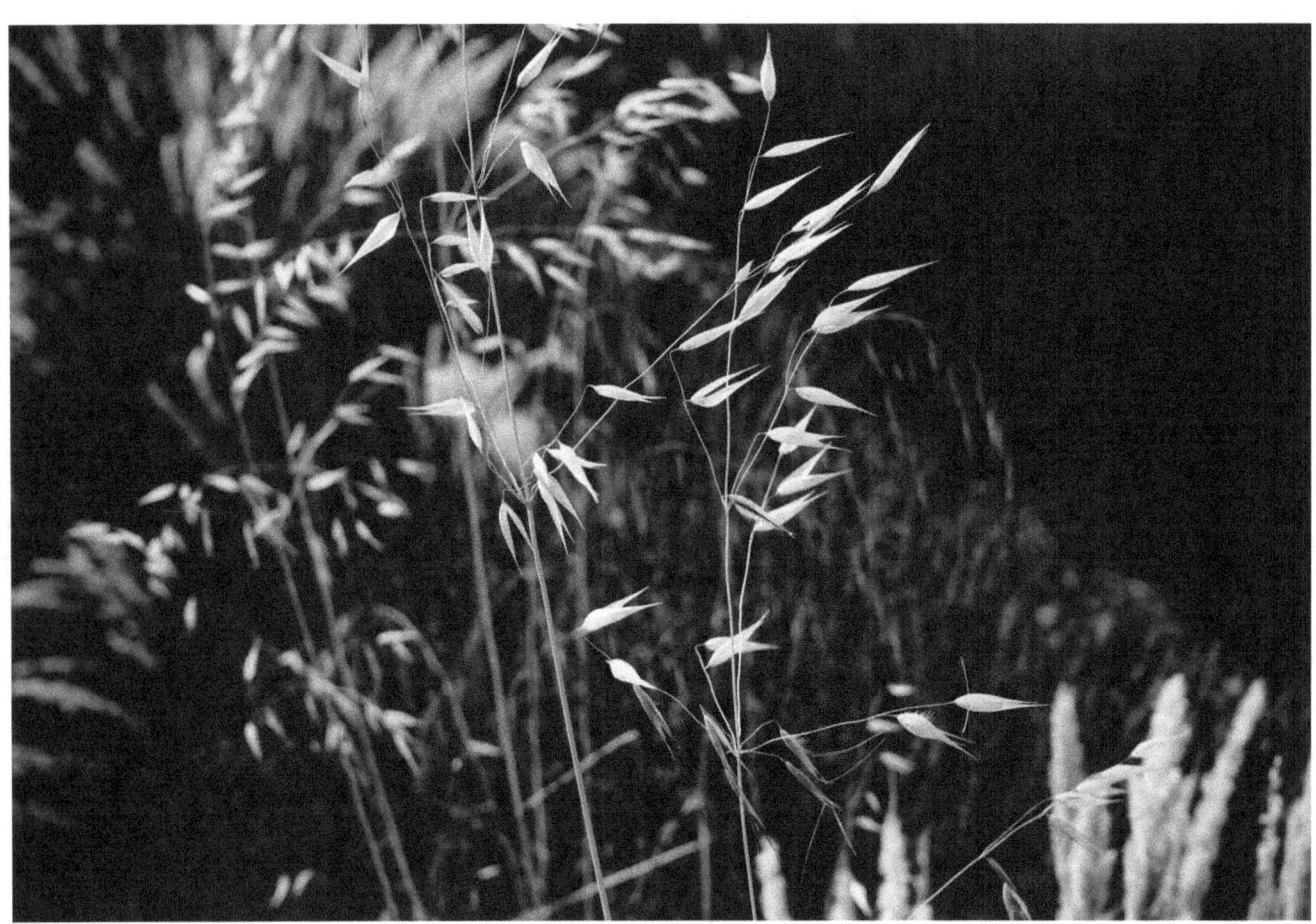

ABSTRACTION

9 LA MER

Vivante à reflets écumés
Elle ondule déchaînée
Clapotis des petits pieds s'y noyant.

Une grande joueuse vulnérable.

Planctons féériques scintillants
Plastiques non chimériques
Le pétrole a nappé de noir son bas de vierge épousée.

Les 100 milles lieux n'ont pas résisté aux 50 nuances de Grey.

Belle irrésistible berceuse vagale
Si agréable au cœur même des plus endurcis
Tsunami dévastateur reprenant ses droits.

Nous lui sommes inférieurs c'est l'évidence.

Vogue sans mannequin
Les voiles à mettre pour avancer
Brasse coulée des scaphandriers.

L'idylle remarquable à double tranchant.

Daisy Mercier

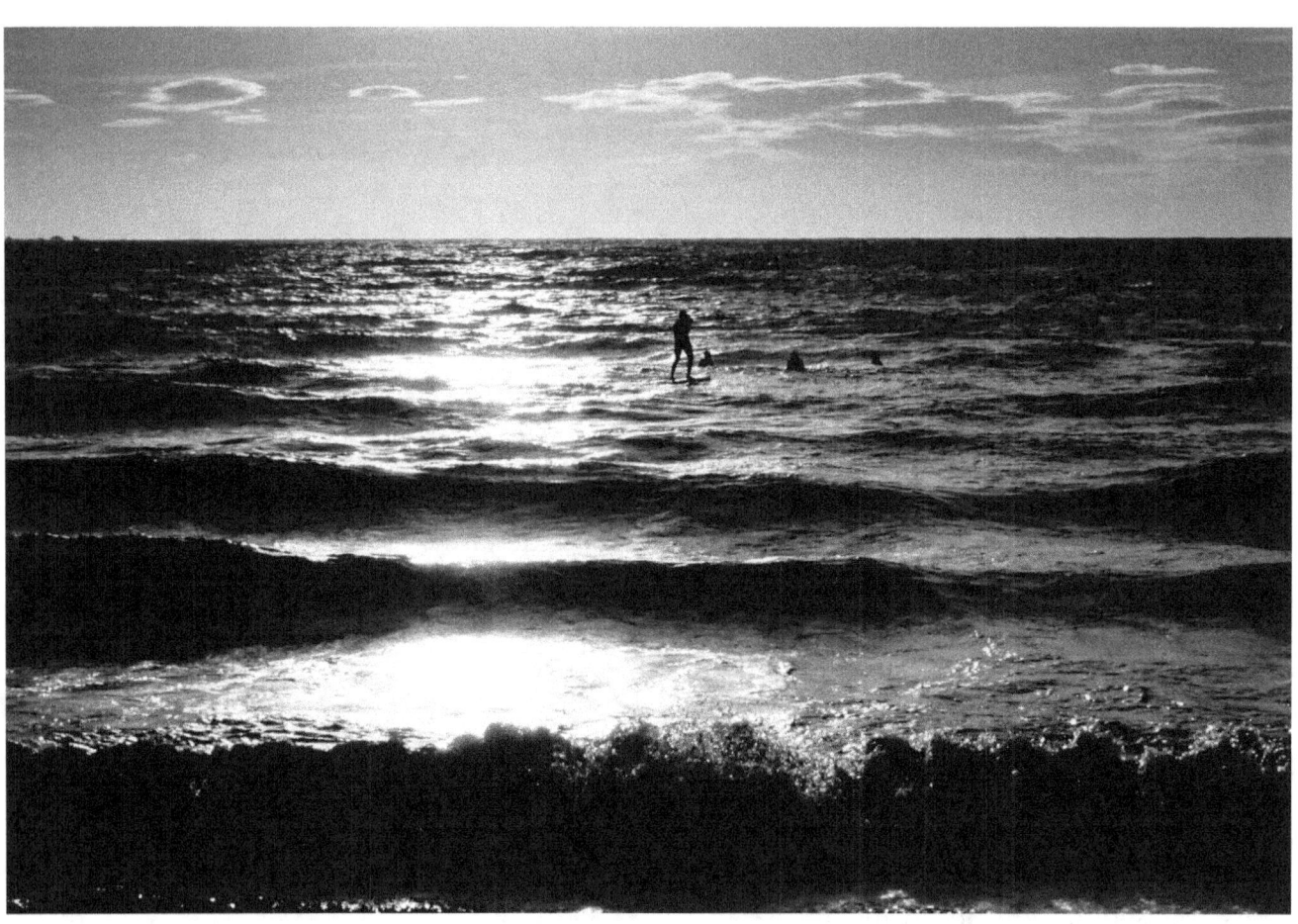

10 MON MOT

Abstraction est à voir et à lire.

De préférence avec votre petite voix intérieure puis à voix haute.
Pour cela, Il faudra faire abstraction de tout ce qui vous a conditionné jusqu'à présent.
Votre savoir est inutile ici. Vous pouvez juste vous laisser emmener par les phrases et les illustrations.

Il n'y a qu'une seule règle. NE PAS AVOIR DE REGLE.

Commencez où bon vous semble.
Chaque endroit est une découverte.

Découverte d'un univers particulier à mi-chemin entre la poésie, le symbolique et évidemment le langage parlé.
Mon verbe y est peu académique, décousu.
Fort heureusement, l'image est là en soutien et me raccorde tel un cordon à mon placenta de la réalité.
J'affectionne tout particulièrement le Noir et Blanc.

Je vous souhaite autant de plaisir à vous en saisir que j'en ai eu à le construire.

Bonne avancée.

Daisy Mercier

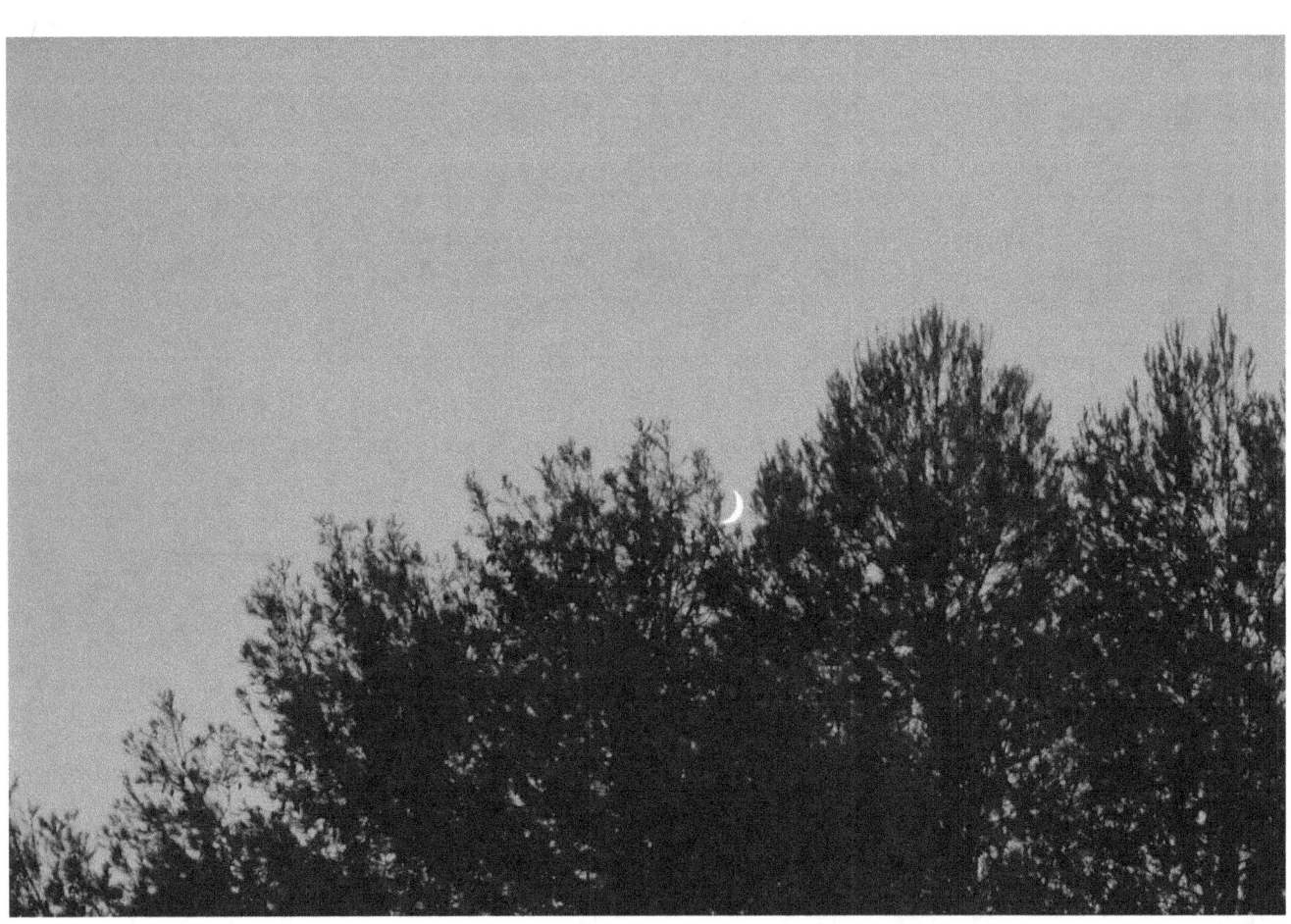

À PROPOS DE L'AUTEUR

Daisy Mercier est née le 24 août 1978. Elle réside aujourd'hui dans le Sud de la France.
Elle grandira à l'Île de la Réunion jusqu'à ses 18 ans.
Cette île multiculturelle et volcanique s'imprimera dans son identité.
Déracinée, elle choisira la rigueur et la mobilité militaire pour vivre.
De son tourment inné sur la question existentielle, elle finira par en faire un allié.
Des images compulsives mêlant mélancolie, violence et rage de vivre.
Elle décidera de s'exprimer en 2015, date du début de son travail photographique.
Ce travail faisant partie intégrante de son quotidien sera le seul remède à son stress.
Elle se dévoile par les mots pour la première fois dans cet humble ouvrage.
Il lui était impossible de le démunir de la force de ses images.

www.ingramcontent.com/pod-product-compliance
Lightning Source LLC
Chambersburg PA
CBHW082258220526
45469CB00009B/3065